ICS 01.140
A 14
备案号:53806－2016

WH

中华人民共和国文化行业标准

WH/T 73—2016

社区图书馆服务规范

Community library service specifications

2016－03－11 发布　　2016－05－01 实施

中华人民共和国文化部　发布

图书在版编目(CIP)数据

WH/T 73—2016 社区图书馆服务规范/中华人民共和国文化部发布. --北京:国家图书馆出版社,2016.4

中华人民共和国文化行业标准

ISBN 978 -7 -5013 -5427 -6

Ⅰ.①W… Ⅱ.①中… Ⅲ.①街道图书馆—图书馆服务—规范—中国 Ⅳ.①G258.24 -65

中国版本图书馆 CIP 数据核字(2016)第 078881 号

书 名 WH/T 73—2016 社区图书馆服务规范

著 者 中华人民共和国文化部 发布

责任编辑 金丽萍 王炳乾

出 版 国家图书馆出版社(100034 北京市西城区文津街 7 号)

(原书目文献出版社 北京图书馆出版社)

发 行 010 -66114536 66126153 66151313 66175620

66121706(传真),66126156(门市部)

E-mail nlcpress@ nlc. cn(邮购)

Website www. nlcpress. com ——→投稿中心

经 销 新华书店

印 装 北京科信印刷有限公司

版 次 2016 年 4 月第 1 版 2016 年 4 月第 1 次印刷

开 本 889 × 1194(毫米) 1/16

印 张 0. 75

字 数 10 千字

书 号 ISBN 978 -7 -5013 -5427 -6

定 价 20. 00 元

目　次

前　　言

本标准按照 GB/T 1.1—2009 给出的规则起草。

请注意本标准的某些内容可能涉及专利。本标准的发布机构不承担识别这些专利的责任。

本标准由全国图书馆标准化技术委员会(SAC/TC 389)提出并归口。

本标准主要起草单位:深圳图书馆、深圳市罗湖区图书馆、深圳市龙岗图书馆。

本标准参与起草单位:全国中小型公共图书馆联合会、贵州省图书馆、东莞图书馆。

本标准主要起草人:王林、师丽梅、肖焕忠、余胜英、朱淑华、郭斌、胡明超、关燕云、吴志敏、卢向东、张利娜。

引　　言

为完善公共图书馆基层服务网络，改善社区图书馆服务条件，规范社区图书馆服务工作，提高社区图书馆服务效益，促进社区图书馆事业持续健康发展，制定本标准。

社区图书馆服务规范

1 范围

本标准规定了社区图书馆服务资源、服务提供、服务管理、社会参与及服务保障等内容。

本标准适用于所有社区图书馆，其他同级或规模较小的图书馆可参照执行。

2 规范性引用文件

下列文件对于本文件的应用是必不可少的。凡是注明日期的引用文件，仅注明日期的版本适用于本文件。凡是不注明日期的引用文件，其最新版本（包括所有的修改单）适用于本标准。

GB/T 28220—2011 公共图书馆服务规范

3 术语和定义

下列术语和定义适用于本文件。

3.1

社区图书馆　community library

多由区（县）级政府主办，或社会力量捐资兴办，为社区居民提供教育、信息和文化休闲服务的小型公共图书馆。

［改写自 GB/T 28220—2011，定义 3.1］

3.2

服务人口　service population

社区图书馆服务区域的常住人口。

3.3

服务资源　service resources

社区图书馆在开展服务过程中所需的各种要素，主要包含硬件资源、文献资源、人力资源和经费资源。

3.4

服务提供　service supplement

社区图书馆为满足社区居民学习、阅读、交流及其他文化需求所开展的各项工作。

3.5

一体化服务　unified service

在区域图书馆服务体系中，不同级别、不同规模的多家图书馆，按照相同的规则和标准，在业务运营、管理与服务过程中，通过文献、技术、人员等资源的全面共享或统一管理，提供无差异服务的模式。

3.6

中心图书馆　main library

在一定地域范围内，具有资源、技术及管理优势，在社区图书馆管理与服务过程中起核心骨干作用的图书馆。

4　总则

4.1　社区图书馆是区域公共图书馆服务体系的重要组成部分，应遵循以人为本的原则，通过公开、平等、免费、就近的服务，保障社区居民的基本文化权益。

4.2　社区图书馆是社区公共文化空间，应发挥信息交流和文化休闲功能，参与社区生活。

4.3　社区图书馆建设、管理与服务应统一纳入当地经济和社会发展的总体规划，纳入区域公共图书馆事业发展规划。其服务资源和服务保障主要由区（县）级人民政府提供，事业发展与管理由当地文化主管部门负责。

4.4　社区图书馆服务除执行本标准的有关规定外，还应符合 GB/T 28220—2011 等国家现行的相关标准。

5　服务资源

5.1　服务设施与设备

5.1.1　社区图书馆的网点设置应遵循普遍均等原则，按服务半径不大于 1.5 千米，或服务人口不少于 5000 人的标准进行统筹规划、合理布局。

5.1.2　社区图书馆使用面积按服务人口计算应不低于 20 平方米/千人，阅览座位应不低于 4 席/千人。有条件的宜设立独立出入口和无障碍设施。

5.1.3　社区图书馆应通过空间设计、家具配置等方式，营造温馨、舒适的阅览环境。

5.1.4　社区图书馆应具有稳定可靠的互联网接入条件，网络接入带宽应不小于 4 兆。用于读者服务的计算机数量按服务人口计算应不低于 1 台/千人，并适应新技术的发展配备各种现代化设备。相关设备配置可结合国家重点文化工程建设项目的要求统筹安排。

5.2　服务人员

5.2.1　社区图书馆应至少配备专职工作人员 1 名，并根据需要配备一定数量的兼职工作人员或招募志愿者。

5.2.2　社区图书馆工作人员应具有大专及以上学历，受过基本的图书馆专业技能培训，能够熟练操作和使用计算机及相关设备，并具备良好的职业道德。每年参加继续教育学习应不少于 5 天。

5.3　文献资源

5.3.1　社区图书馆基本馆藏文献资源应包括图书、期刊、报纸、视听资料等，按服务人口计算，基本馆藏量应不低于人均 0.5 册（并适当考虑少年儿童图书的比例），复本不大于 2 册，年更新数量不少于 10%，报刊年订阅数量应不少于 50 种。

5.3.2　社区图书馆宜通过计算机网络共享中心图书馆的数字资源，如电子图书、电子期刊、电子报纸及其他各种数据库资源。

5.3.3 社区图书馆藏书宜由中心图书馆统采统编，期刊、报纸可根据社区居民需求自行订购。

6 服务提供

6.1 文献借阅

社区图书馆应免费提供文献借阅服务，关注少年儿童、老年人、残障人士及其他特殊群体的阅读需求，并为读者获取各类文献提供帮助。

6.2 电子阅览

社区图书馆应免费提供上网服务（包括无线互联网接入服务），通过计算机网络开展数字资源服务，并加强电子阅览服务管理。

6.3 咨询服务

社区图书馆应通过现场、电话、电子邮件、社交网络、网上咨询系统等多样化方式提供一般性咨询服务。对不能即时答复的咨询请求，响应时间不应超过3个工作日。

6.4 读者活动

社区图书馆应在全民阅读推广中充分发挥作用，自主组织或配合中心图书馆开展讲座、沙龙、培训、展览等读书活动及各种形式的文化活动，并重点组织开展适合老年人、少年儿童特点的活动。

6.5 服务时间

社区图书馆应有固定的开放时间，每周开放时间应不少于36小时，双休日应对外开放。因故临时闭馆应向上级主管部门及中心图书馆报告并提前向读者公告。

6.6 服务宣传

6.6.1 社区图书馆应设立醒目的导引标识和服务公告，包括馆牌、开放时间、文献排架标识、服务项目与规则等。

6.6.2 社区图书馆应利用宣传栏、宣传资料、媒体及其他现代化手段，宣传和推广图书馆服务，揭示文献资源，吸引读者利用图书馆。

7 服务管理

7.1 服务运作

社区图书馆宜纳入地区一体化服务体系，接受中心图书馆的业务辅导，依托中心图书馆服务网络和业务管理平台，通过协作与共享，联合开展各项服务工作。

7.2 文献组织

社区图书馆文献应采取学科、主题等方式规范排架，开架借阅，保持架位整齐。新书配送到馆后应在2个工作日内上架，期刊应在2个工作日内记到上架，报纸当天上架。

社区图书馆应做好防盗、防尘、防潮、防虫等文献保护工作。

7.3 服务统计

社区图书馆应按照常规化、标准化的原则，按日、月、年定期做好服务数据统计工作，包括服务资源、文献借阅、电子阅览、信息咨询、读者活动等。统计资料及工作记录应及时收集、整理，建立业务档案。

7.4 服务安全

7.4.1 社区图书馆应建立安全管理制度，维持正常服务秩序，制定消防安全应急预案，定期开展消防安全教育和消防安全检查，确保图书馆文献资源、办馆设施及进馆读者人身安全和财产安全。

7.4.2 社区图书馆应加强计算机网络及信息安全管理，妥善保存各项工作数据。

7.5 服务绩效

社区图书馆应不断提高服务水平和质量，保持进馆读者量、图书外借量、电子文献使用量、读者活动场次的增长。

7.6 服务监督与反馈

7.6.1 社区图书馆应设立读者意见箱（簿），公开监督或投诉电话，每年至少应召开一次读者座谈会，对读者意见或投诉应在5个工作日内回复并落实。

7.6.2 社区图书馆每年至少应进行一次读者需求和服务满意度调查，调查表发放数量不少于100份，回收率不低于80%（含），满意度不低于85%（含）。

8 社会参与

8.1 鼓励机构、个人合作共建或独立兴办社区图书馆。

8.2 积极导入志愿者服务机制，建立志愿者队伍，吸引民众参与社区图书馆服务。

9 服务保障

9.1 政策保障

地方政府应出台相应的配套政策，鼓励各种形式的社区图书馆持续发展，并从地区一体化服务体系建设与管理等方面为社区图书馆服务的正常开展和持续发展提供有效保障机制。

9.2 经费保障

社区图书馆的日常运营经费应列入区（县）政府财政预算。

日常运营经费应包括场馆运行、人员工资、文献购置、阅读推广活动及宣传、网络通信、业务培训、设备维护、日常办公等。

9.3 人员保障

社区图书馆工作人员可采取不同的用工方式保障其待遇，保持队伍的稳定性。

参考文献

[1] JGJ 38—1999 图书馆建筑设计规范

[2] 建标〔2008〕74 号公共图书馆建设用地指标

[3] 建标 108—2008 公共图书馆建设标准

[4] 中国图书馆学会. 中国图书馆员职业道德准则(试行)[M]. 北京:北京图书馆出版社(今国家图书馆出版社),2003

[5] 汪东波. 公共图书馆概论[M]. 北京:国家图书馆出版社,2012

ISBN 978-7-5013-5427-6

9 787501 354276 >

定价：20.00 元